AF350969

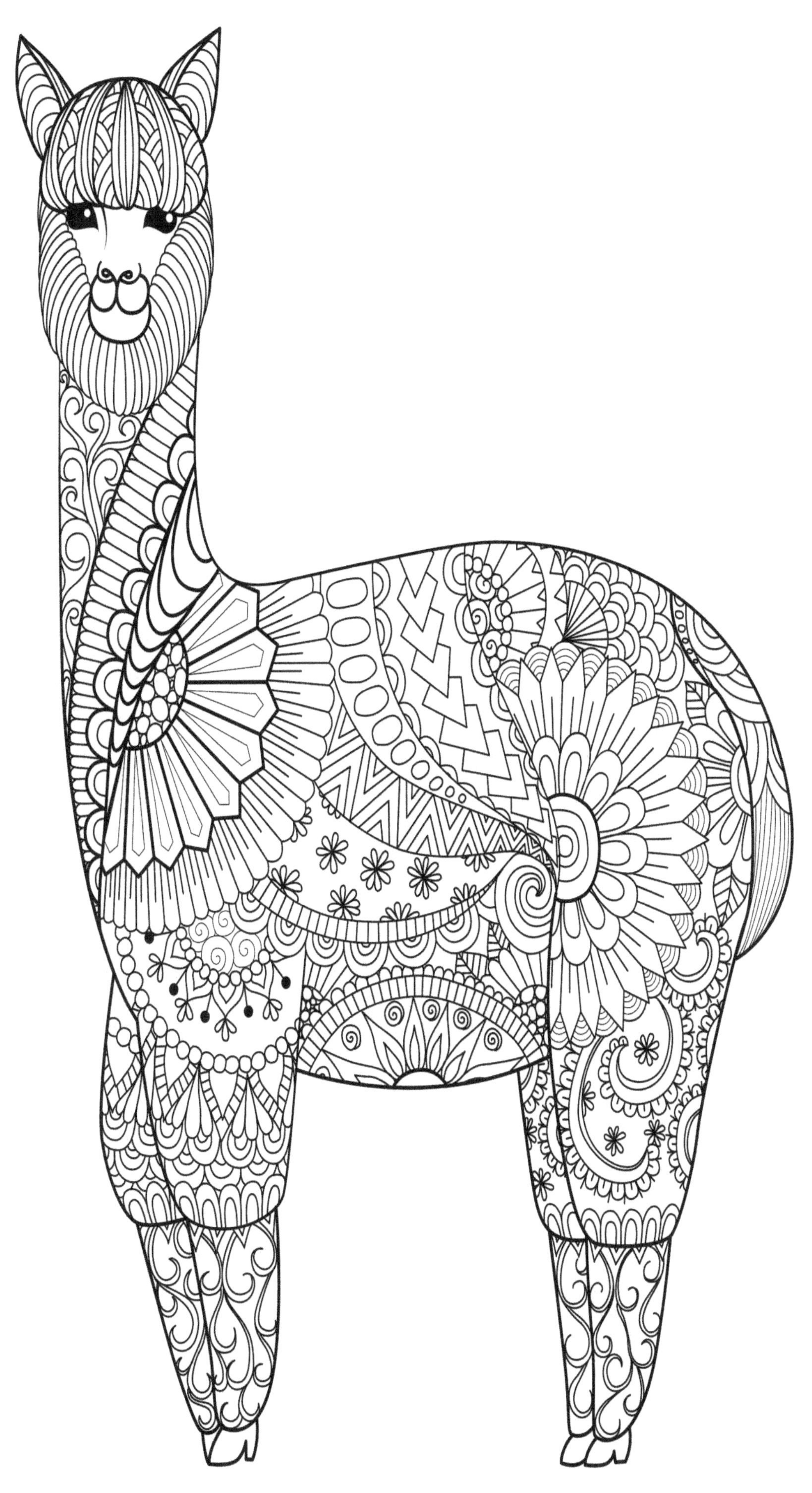

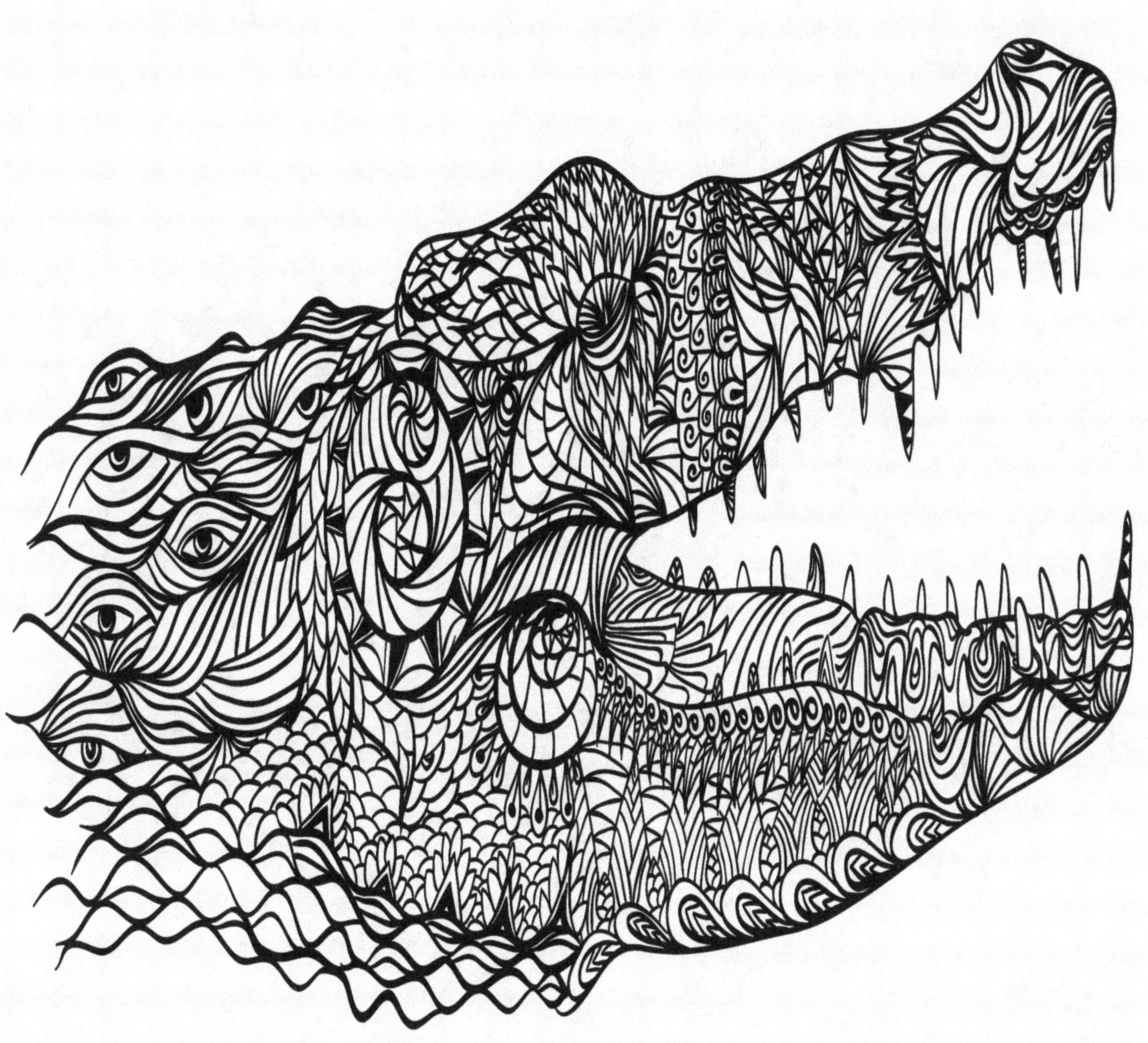

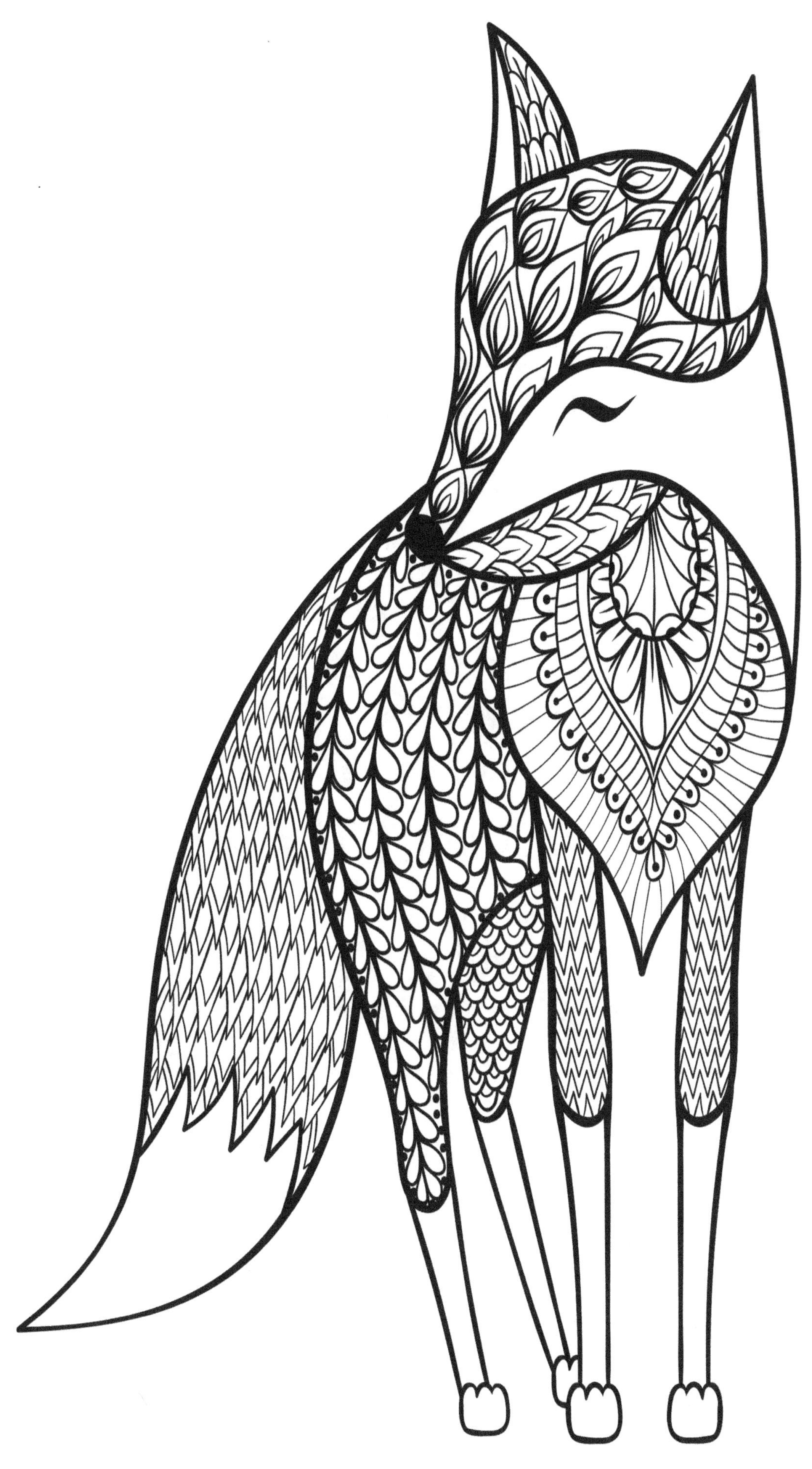

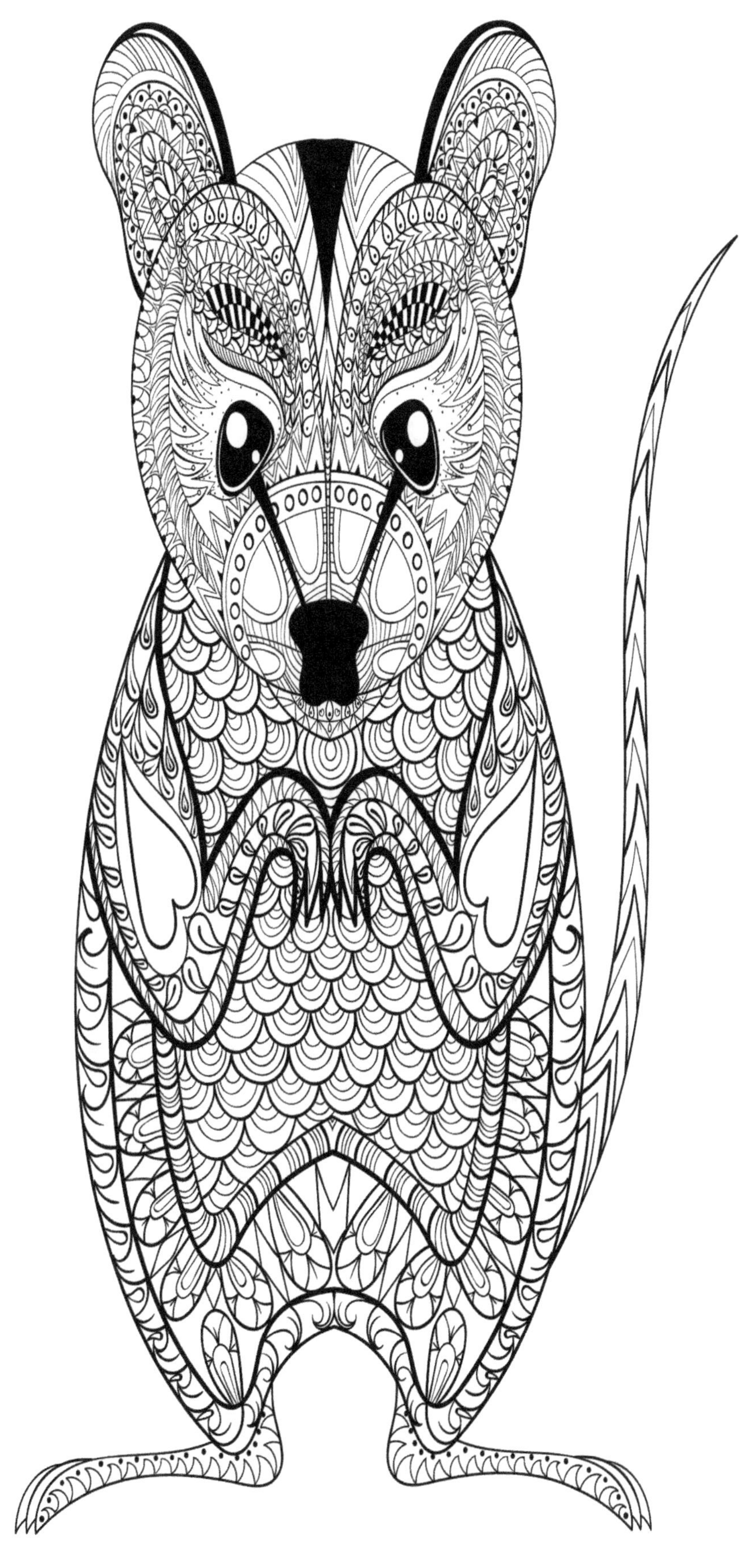

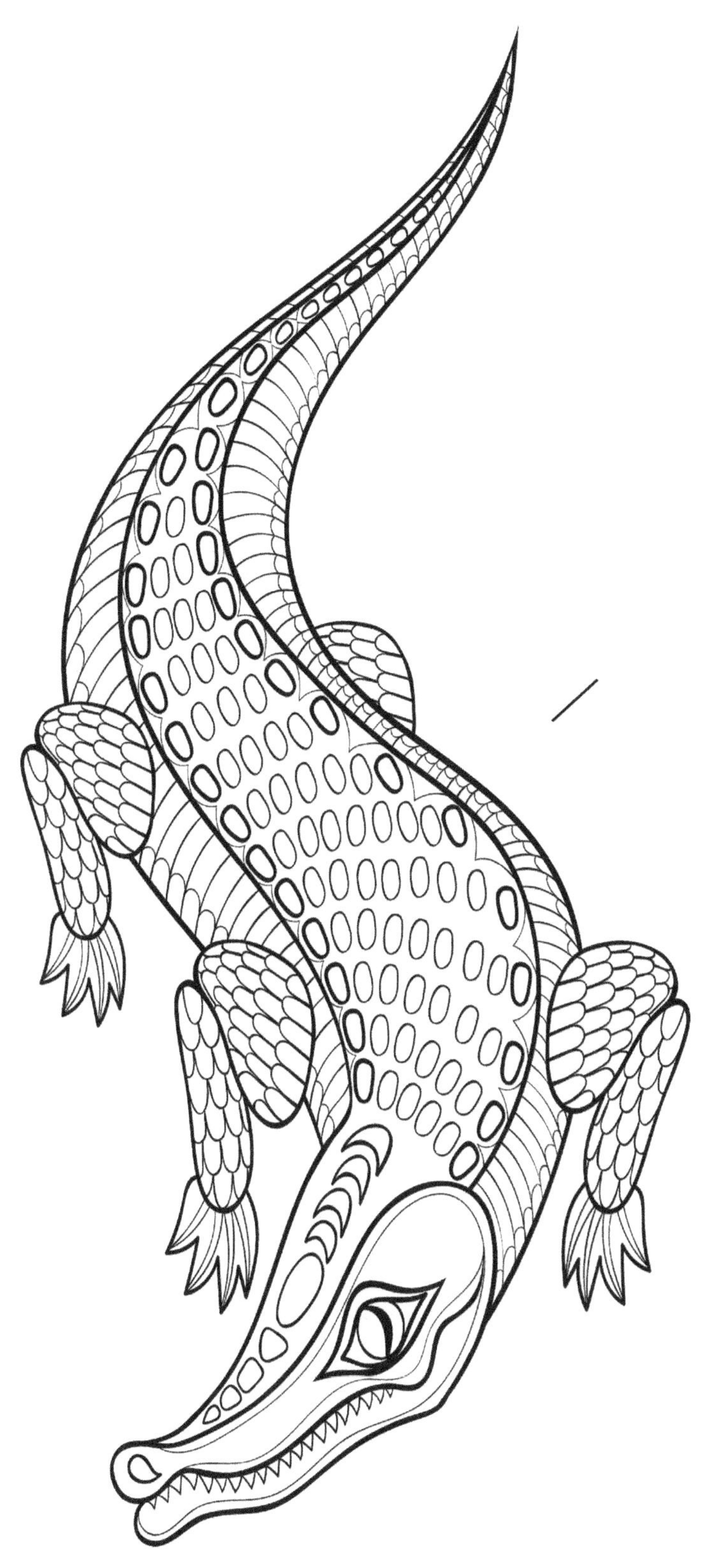

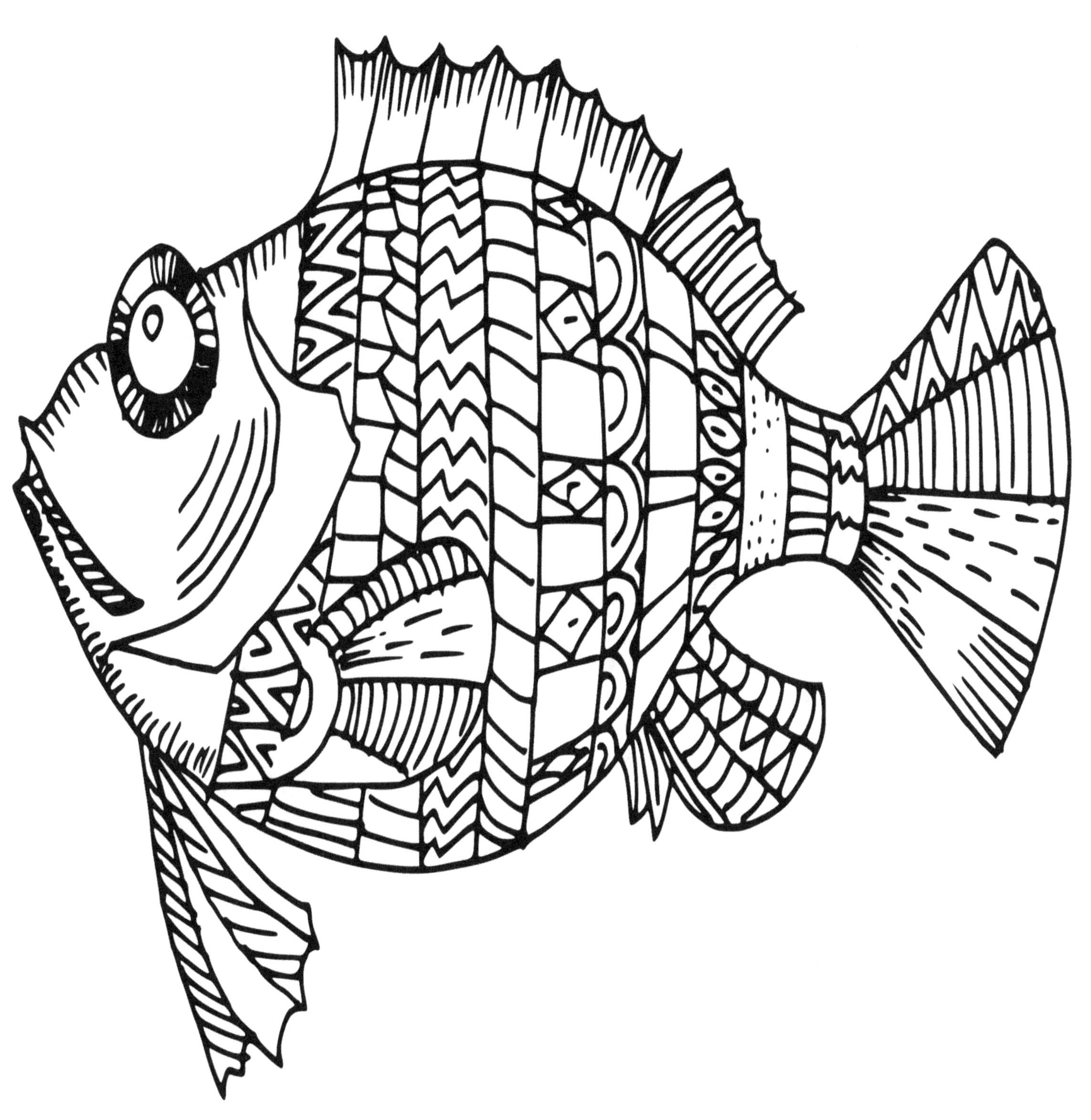

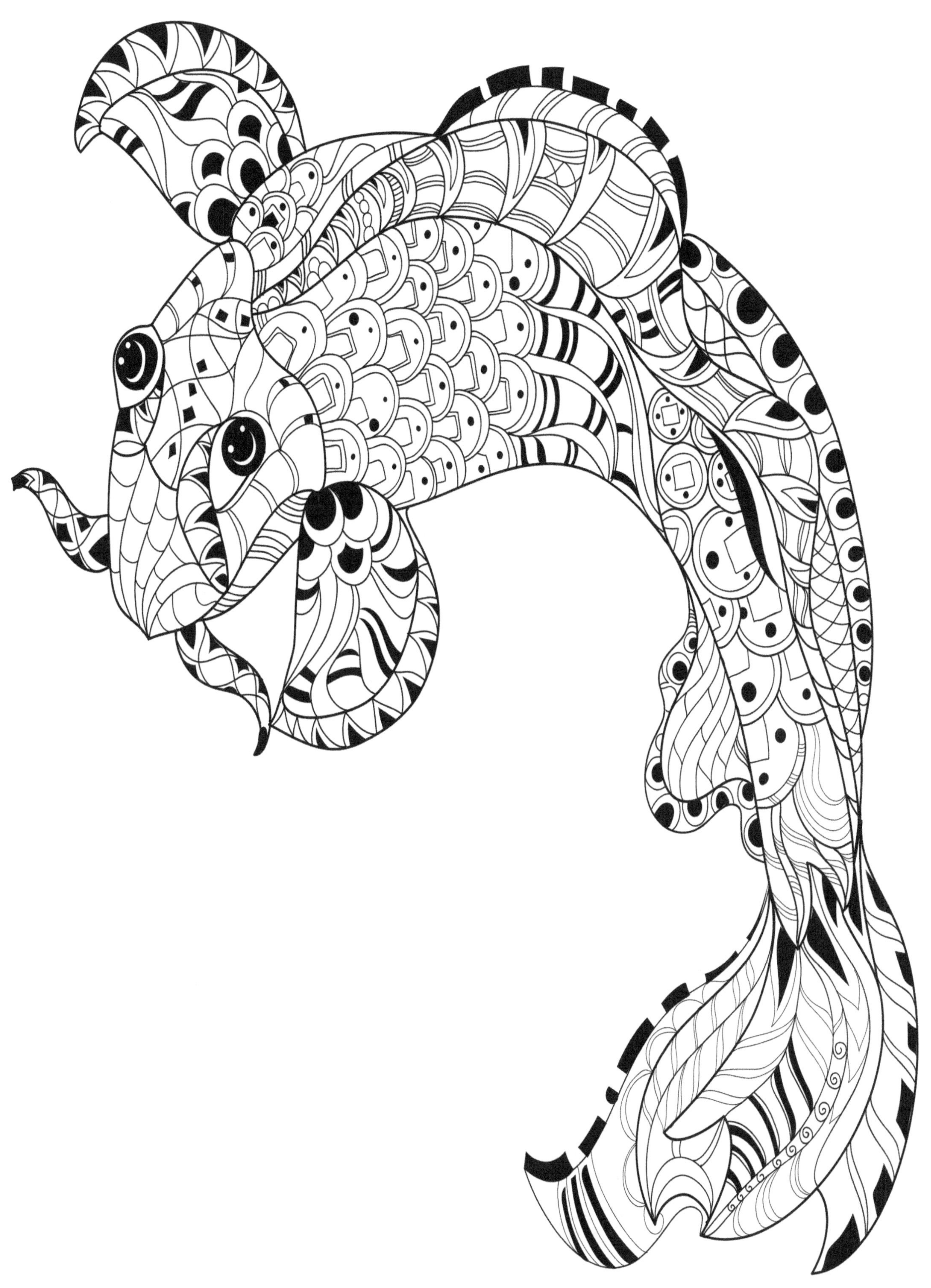

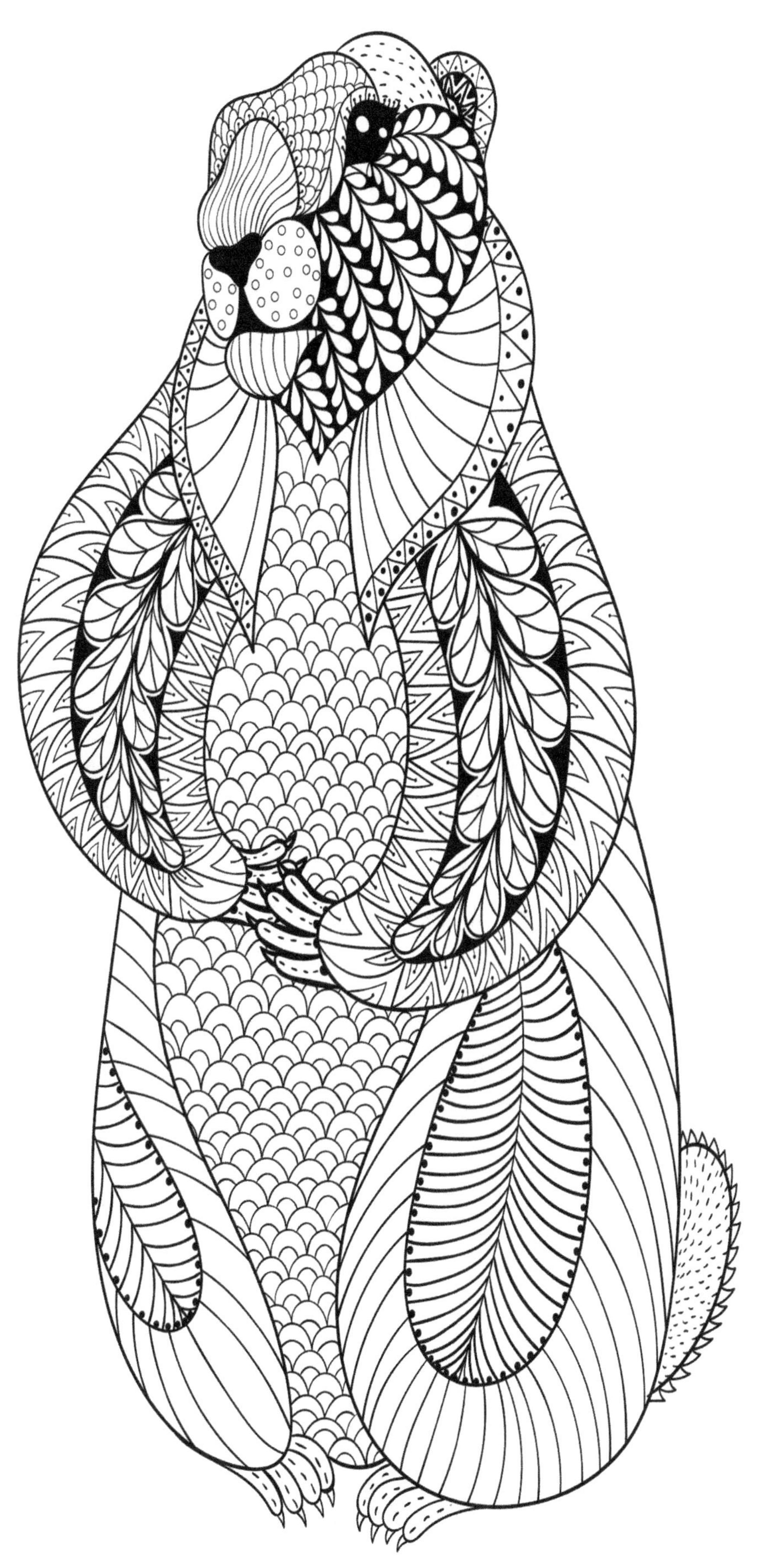